Bibliografische Information der Deutschen Nationalbibliothek:

Die Deutsche Bibliothek verzeichnet diese Publikation in der Deutschen National-bibliografie; detaillierte bibliografische Daten sind im Internet über http://dnb.d-nb.de/ abrufbar.

Impressum:

Copyright © 2008 GRIN Verlag, Open Publishing GmbH
Druck und Bindung: Books on Demand GmbH, Norderstedt Germany
ISBN: 9783668254077

Dieses Buch bei GRIN:

http://www.grin.com/de/e-book/129676/ortsnamen-im-distrikt-coimbra-zur-topo-nomastik-im-portugiesischen

Gerrit Achenbach

Ortsnamen im Distrikt Coimbra. Zur Toponomastik im Portugiesischen

GRIN Verlag

Ruprecht-Karls-Universität Heidelberg
Romanisches Seminar
Hauptseminar: Nomes de lugar e de persoa no noroeste da Península Ibérica
Wintersemester 2007/08

Thema der Hausarbeit:

Toponímias em Portugal no Distrito de Coimbra

Hausarbeit vorgelegt von:

Gerrit Achenbach

Abgabedatum: 27. Mai 2008

Inhaltsverzeichnis

1. Einleitung

Die Überlegung, die dieser Hausarbeit zugrunde liegt, besteht in der Annahme, dass die regionalen Gebiete in einem Land sich sprachlich voneinander unterscheiden und dies je nach Distanz zueinander zu erheblichen Unterschieden führen kann. Bemerkbar macht sich diese Varietät, die es in jedem Land gibt, anhand der Sprache im Allgemeinen. Die Aufzeichnungen sind hier allerdings nicht konserviert worden bzw. oftmals schlecht nachvollziehbar, zumal sich Nationalsprachen im heutigen Sinne auch erst im späten Mittelalter herauskristallisiert haben. Leichter und ergiebiger wird es jedoch, wenn man Namen betrachtet. Die Onomastik beschäftigt sich mit der Erforschung von Namen im weitesten Sinne. Sie untersucht Ortsnamen sowie Personennamen auf ihren etymologischen Hintergrund, Bedeutung und ihrer geographischen Verbreitung. In dieser Arbeit soll dies im Gebiet des Distrikts Coimbra geschehen, der im nördlichen Teil Portugals gelegen ist. Die Distriktshauptstadt Coimbra ist 200 km nördlich von Lissabon und 100 km südlich von Porto gelegen.

Nachdem die Theorie und Überlegungen zur Namenforschung abgeschlossen sind, werde ich eine Klassifizierung vorstellen anhand welcher die Ortsnamen hinlänglich untersucht und eingeteilt werden können. Vollständigkeitshalber widme ich mich anschließend der Antroponymie und erläutere diese.

In Kapitel vier werden dann unter Zuhilfenahme der Klassifizierung die untersuchten Ortsnamen eingeteilt. Diese Klassifizierung dient der besseren Übersicht. Aufgrund Zeit- und Platzmangels habe ich mich entschieden, die Personennamen in dieser Arbeit nicht zu untersuchen und mich auf die Ortsnamen in der Region zu beschränken. Zuletzt kommt der Schlussteil.

2. Onomastik

2.1. Was ist die Onomastik

Mit Onomastik wird gemeinhin die Namenforschung (von griech. ὀνομαστική [ἐπιστήμη], onomastiké [epistéme], eigentlich richtig übersetzt mit Namenwissenschaft) bezeichnet. Sie beschäftigt sich mit der Bedeutung, Herkunft und Verbreitung von Namen. Hierzu zählen unter anderem Personennamen, Anthroponymie genannt, aber auch Namen geographischer Objekte, Toponomastik genannt, oder andere Dinge:

„Die Namenforschung (Onomastik) geht speziell auf die Geschichte, Bedeutung und Verbreitung von Namen ein, und die Toponomastik beschäftigt sich speziell mit Ortsnamen."[1]

So sind verwandte Gebiete der Namenforschung die sprachwissenschaftliche Disziplin der Etymologie, die die Bedeutung und Herkunft von Worten allgemein untersucht und die Genealogie, auch Ahnenforschung genannt, die sich für die Abstammung (Herkunft) einzelner Personen und Familien interessiert.

Die Onomastik beschreibt als Teildisziplin der Sprachwissenschaft die spezifischen Eigenschaften der Eigennamen. Für die Erforschung von Bedeutung und Herkunft werden daher Vornamen, Familiennamen, Ortsnamen, Gewässernamen und viele andere zur Untersuchung herangezogen. Da man diesen in vielen Lebensbereichen begegnet, berücksichtigt die Onomastik auch Sachbezüge derselben und arbeitet mit zahlreichen Gesellschafts- und Naturwissenschaften eng zusammen, für welche Namen eine Funktion einer wichtigen Quellengattung haben. Ähnlich wie bei der Sprachgeschichtsforschung verfolgt sie die Namenentstehung und Namengeschichte im Zusammenhang mit ihren Gebern, Benutzern und den wechselnden Benennungssituationen.[2] Das internationale Koordinierungsorgan für die Onomastikforschung ist der „International Council of Onomastic Sciences" (ICOS) mit Sitz in Uppsala in Schweden.

2.2 Warum und wofür ist die Onomastik wichtig für uns?

„Wenn wir zudem bedenken, dass beinahe alle Eigennamen aus Gattungsnamen (Appellativen) abgeleitet sind und dabei noch zahlreiche andere Aspekte der sozialen Evolution illustrieren, dann wird deutlich, warum sich eine Sektion eben mit diesem Aspekt der linguistischen Forschung auseinander zu setzen hat."[3]

Die Namenforschung beschäftigt sich traditionell mit der Geschichte, Bedeutung und Verbreitung von Personennamen und Ortsnamen. Daher ist es uns heute, zumindest in Teilen, möglich, den Ursprung und die Motive von Namen in einen zeitgeschichtlichen und sozialen Hintergrund zu setzen. Anhand der etymologischen Methode lassen sich in der Onomastik auch mit etwas Glück und Können aus bestimmten Orts- bzw. Personennamen politische, religiöse, militärische, soziale und psychologische Vorgänge ableiten.

Der Einfluss von fremden, eingefallenen, Völkern kann ebenso rekonstruiert werden. So kann die Intensität der Beeinflussung durch die Besetzer sowie ihre Durchdringung der lokalen Lebensweisen und Traditionen anhand der örtlichen Orts- aber auch Personennamengebung

---

[1] Vgl. http://de.wikipedia.org/wiki/Etymologie#Verwandte_Gebiete.
[2] S. http://de.wikipedia.org/wiki/Onomastik.
[3] Maria Giovanna Arcamone in Dieter Kremer: S. 3, Onomastik, 1994

gemessen werden.[4] Auch aus kultureller genauso wie einfach historischer Perspektive ist die Namensforschung wichtig für die Identifikation eines Volkes. Sie trägt zur Tradition bei und informiert die Bewohner über ihre Wurzeln. Dieses Wissen fördert die einfache Wahrnehmung der Individualität, aber sicherlich auch die Wertschätzung der eigenen Identität und idealiter auch das Verhalten gegenüber anderen Völkern und Kulturen.

Kurz gefasst kann man sagen, dass onomastische Formen sich anders entwickelt haben als die heute gemeinhin üblichen Sprachen und sie sich auch nicht der in einem Land heute offiziellen Standardsprache in orthographischer Hinsicht angepasst haben. Daher sind insbesondere Ortsnamen, aber genauso auch Personennamen extrem „wichtige Zeugen für die historische Wortforschung wie für die allgemeine Sprach- und Kulturgeschichte"[5] eines Landes, aber besonders eines Volkes bzw. einer Ethnie. So könnte die Onomastik ein identitätsstiftendes Moment für unterdrückte Volksgruppen sein.

Außerdem sind Orts- und Personennamen häufig konservierte Formen, die sich (mit) der Zeit nicht angepasst haben. Schon in alten lateinischen Texten können Nachweise über ihre Existenz, schriftlich niedergelegt, gefunden werden. Und sogar aus vorrömischen Zeiten sind noch viele Überbleibsel linguistischer Entwicklungsstadien in Ortsnamen zu finden, die nicht in überlieferten Texten schriftlich festgehalten worden sind. Anhand dieser einzigartigen Erhaltung von sprachwissenschaftlichem Material können sprachwissenschaftliche Entwicklungen determiniert werden.

3. Klassifizierung

3.1. Topónimos

Topónimos ist das griechische Wort für Ortsnamen und setzt sich zusammen aus topos = Plural Topoi vom griechischen τόπος Ort und onoma = Name.

In der Namenkunde wird der Begriff Ortsname (auch "Toponym") zunächst in zweierlei Hinsicht verstanden. Im engeren Sinne sind Ortsnamen die Namen von Siedlungen, so zum Beispiel von Dörfern, Städten, Stadtteilen. Hierfür ist auch der Begriff "Siedlungsname" gängig. In einem weiter gefassten Verständnis umschließen Ortsnamen alle geografischen Namen bzw. Geländebezeichnungen. Eine Definition oder internationale Übereinkunft über Gebrauch und Verwendung eines einheitlichen Begriffs gibt es nicht. Von daher habe ich mich entschieden, dass für diese Betrachtungen ein weitgefasster Begriff gelten soll, da von

---

[4] Messen ist hier nicht im Sinne von messen anhand von Zahlen gemeint, sondern im abstrakten Sinne.
[5] Kremer, Dieter: S. 534, 1994.

5

immanenter Bedeutung ist, dass eine Vielzahl von Ortsnamen aus geographischen Gegebenheiten heraus entstanden ist.

Das Alter der Ortsnamen reicht oft einige Jahrhunderte, manchmal sogar Jahrtausende zurück. Sehr alt z.B. im deutschen ist der Name "Trier", der über 2000 Jahre zurückreicht. Die portugiesischen Ortsbezeichnungen datieren spätestens aus dem 13. Jahrhundert mit dem Abschluss der Reconquista (Zurückeroberung der durch die Mauren besetzten Gebiete).[6] Seit dieser Zeit sind sie fest etabliert und urkundlich festgehalten.

Andererseits gibt es aber auch junge Ortsnamen. So wurde im deutschen z.B. Fürstenberg/Oder erst am 13. November 1961 mit Stalinstadt zusammengelegt und bekam den neuen Namen "Eisenhüttenstadt". Die allerjüngsten Namen (oft Zusammensetzungen) wie z.B. Kirchfeld-Nord sind z.T. erst im 21. Jh. entstanden. In Portugal könnten das Städtenamen wie „Vila Nova de ....“, welche sehr häufig vorkommen, sein.

Die Namen wurden nicht spontan gegeben, sondern sie bildeten sich über einen langen Zeitraum hinweg aus alltäglichem Wortmaterial heraus. Diese Ortsnamen erwuchsen aus der gesprochenen Sprache.

3.1.1. nomes gerais

Oft wurden Stellenbeschreibungen zu Ortsnamen. In einer Zeit, als es noch keine Ortsnamen (in unserem heutigen Verständnis) gab, wurde jemand nach seiner Herkunft gefragt. Die beste Ortsangabe war eine Beschreibung der Umgebung, z.B. "ich komme aus dem neuen Dorf" oder "ich wohne am hohen Ufer". Der Ortsname "Hannover" (mundartlich) entstand übrigens so.

Ein anderer beschrieb seine Herkunft mit "ich komme aus dem Steintal" im schönsten sächsischem Dialekt. So oder ähnlich wurde der Ortsname "Stendal" herausgeformt. Für derartige Ortsangaben wurde oft eine Präpositionalphrase (im, an, bei, auf...) bemüht. Deswegen finden sich in Ortsnamen sehr häufig erstarrte Dative wieder. Orte heißen "Bergen" und nicht "Berge" (ich wohne in den Bergen); "Tiefenbach" und nicht "Tiefebach" (vom tiefen Bach); "Blankenburg" und nicht "Blankeburg" (von der blanken [hellen] Burg).

Im portugiesischen sind diese nomes gerais geographische Bezeichnungen, die häufig auch im Sprachlexikon zu finden sind und deren Bezeichnung erkennbar ist.[7] Hier wären als folgende Beispiele rio, ribeira, ribeiro und vale zu nennen.

---

[6] Vgl. Kremer, Dieter: S. 534, 1994.
[7] À la „Nomen est Omen“.

Allerdings sollte man innerhalb dieser Kategorie zwischen den einzelnen Bezeichnungen unterscheiden. Einige Ortsnamen beziehen sich auf die vorzufindende Tierwelt: Cerval (Ort, wo viele Hirsche „ansässig" sind) oder auch Cebreiro (gal. Zebra).

Andere haben ihren Ursprung in der vorhandenen Pflanzenwelt: roseiral/rosal (Rosenhain), carvalhal oder montado im Alentejo (Eichenwald) und Silveira/Amoreira (Brombeerstrauch/Dornengestrüpp).

Auch gibt es Formen, die sich auf die Entstehung durch Menschenhand beziehen. Solche wären: Ponte (Brücke), Vila (Dorf) und Castelo (Burg).

Viele der heutigen Ortsnamen sind auf den ersten Blick schwer zu identifizieren, was daran liegt, dass ihnen im Laufe ihrer etymologischen Entwicklung Suffixe oder Adjektive angehängt oder vorangestellt wurden. Hierfür sei das Beispiel Kirche (lateinisch Ecclesia) genannt. Der Ortsname leitet sich von der Stelle ab, wo die Kirche in einem Gebiet stand. Im Galizischen machte man aus dem Wort igrexa (gal. Kirche) dann Eirexa oder Irixoa. Das Letztere allerdings ist durch einen lateinischen Diminutivsuffix, nämlich –ola entstanden, während das Erstere die etymologische Entwicklung des lateinischen Wortes für Kirche darstellt. Auch hier zu nennen wäre der Ort Montouto (hoher Berg), der sich aus dem Nomen monte (Berg) und dem Adjektiv altu (hoch) herausgebildet hat.

3.1.2. nomes de possessor

Die ältesten Ortsnamen dieser Gattung lassen sich zurückverfolgen bis ins erste Jahrhundert nach Christus, der romanischen Epoche, zumal wahrscheinlich Funde jeglicher Art (Grabsteine z.B.) Rückschlüsse zulassen. Die meisten Ortsnamen sind allerdings zu Zeiten der Rückeroberung der spanischen und portugiesischen Gebiete von den Mauren entstanden.

Um das Eigentum mit seinem Namen zu benennen, kannte man verschiedene Möglichkeiten. Einerseits hing man einfach an das Villa (was im lateinischen Haus bedeutet) den Namen an. Dies war dann die Bezeichnung für den Besitz: Villa Aemilia. Später ging man dazu über das Suffix –anus oder weiblich –ana anzuhängen: Villa Aemiliana, was allerdings mit der Zeit verloren ging und heute nur noch als –án, -á oder -ao übrig ist: Lourenzá, vorher Laurentiana.

Die häufigste Variante allerdings ist die, die man im Mittelalter gebrauchte. So wurden Topónimos dieser Kategorie ganz nüchtern mit dem Genitiv –i des Lateinischen gekennzeichnet: Villa Emilii. Diese Bezeichnung zeigt an, dass das Haus Eigentum von Emilius ist und er der Besitzer.

Interessanterweise wurde diese Art der Eigentumsbezeichnung auch nach ihrer „Einbürgerung" in der suebisch-westgotischen Zeit, die typisch ist für den Nordwesten der

Iberischen Halbinsel, bei germanischen Namen, die im lateinischen auf –us enden, angewendet:

Rosendus > Rosendi oder Guitirico > Guitirici

Die germanischen Besitzbezeichnungen kommen recht häufig vor und sind aufgrund der gleichen Endung einfach aus zu machen:

-sende (von –sendus) oder -mir/-mil (von mirus) oder –iz (von -icus)

Rosende, Esposende – Ramil, Casstromil - Allariz

3.1.3. nomes de santo – Heiligennamen

Personen- oder Ortsnamen mit dieser Bezeichnung haben ihren Ursprung bei christlichen Schutzpatronen. Man nennt sie auch Hagiotoponimia, welche sich während der Christianisierung immer weiter auf der Iberischen Halbinsel verbreitet haben: Vinzentius > São Vicente oder Santus Iohannis > São João (da Madeira)

3.1.4. nomes étnicos

Ethnische Namen wurden häufig genutzt, um Völker anhand ihrer Herkunft zu benennen. So entstanden Volksnamen, die durch ihre Ethnie adjektivistisch beschrieben werden. Besonders in besetzten Gebieten geschah dies häufiger, dass man die eingefallenen Besetzer gemäß ihrer Herkunft bezeichnete. So ist es nicht verwunderlich, dass in Galizien und Lusitanien[8] viele Ortsnamen mit dem Volk der Sueben[9] linguistisch verbunden sind: Suavos oder Suevos.

Der Stadtname Toledo hat einen maurischen Ursprung und ist zurückzuführen auf das Mozarabische. Toledo (gal. Toldaos) war die Hauptstadt des moslemischen Spaniens und so taucht Toldaos auch in Galizien auf, um Ortschaften zu benennen, die durch mozarabische Siedler gegründet wurden.

Zuletzt erwähnenswert ist der Ortsname Galegos, welcher in dem heutigen Gebiet Galiziens auftaucht. Dieser wurde nach der Rückeroberung der spanischen Gebiete im Norden, wo die „Reconquista" begann, zur Unterscheidung zwischen galizischen Rücksiedlern und „externen Immigranten" benutzt.

3.2. Antropónimos

Während die Onomastik sich mit der Namenskunde beschäftigt, muss, wie oben bereits hinlänglich erklärt, die Unterscheidung zwischen Ortsnamen und Personennamen gemacht

---

[8] Lusitanien ist nicht Deckungsgleich mit dem heutigen Staatsgebiet Portugals.
[9] Die Sueben sind ein germanisches Volk, dass nicht mit den Schwaben oder der heutigen Region Schwaben zu verwechseln ist.

wird. Letztere wird auch Anthroponymie im deutschen genannt. Sie beschäftigt sich mit der geschichtlichen Entwicklung von onomastischen Folgen. Dies bedeutet, dass nicht nur die Namen an sich untersucht werden, sondern auch die geschichtliche Entwicklung von Vornamen, Zweitnamen und Nachnamen wie wir sie heute kennen.

In dieser Hausarbeit soll allerdings nur schematisch auf diese historische Entwicklung eingegangen werden. Beweggrund hierfür ist, dass sich die spätere Untersuchung der Region nur auf Ortsnamen bezieht und nicht auf Personennamen. Um jedoch einen vollständigen und einheitlichen Überblick über das Thema Onomastik bekommen zu können, werde ich hier einen kurzen Abriss über die Entwicklung der Personennamen geben. Bei den Vornamen ist zu erwähnen, dass es verschiedene Herkunftsgebiete für diese gibt: präromanische, germanische, maurische/arabische und zu der Zeit der Römer lateinische Vornamen, welche auch aus dem griechischen und hebräischen stammten.

Das romanische Bezeichnungssystem bestand in seiner ursprünglichen Form aus drei Namen. Nämlich dem Praenomen, dem Nomen und dem Cognomen. Während der erste Teil die individuelle Benennung einer Person war, bezogen sich die Letzteren auf die Volksbezeichnung und den Familiennamen innerhalb eines Volkstammes. Dieses nie im Nordosten der Iberischen Halbinsel gebrauchte Namensystem musste allerdings Anfang des ersten Jahrhunderts nach Christus einem neuen weichen, welches lediglich aus einem einzigen Namen bestand.

Im vierten Jahrhundert nach Christus schlossen das germanische Volk der Sueben mit dem Römischen Reich einen Vertrag, der den Sueben Eigentum im Rahmen von Landbesitz zusprach und im Gegenzug den Römern und romanischen Einwohnern Schutz vor den immer wieder einfallenden gewalttätigeren anderen germanischen Stämmen gewährte. Religion, Justiz und Sprache waren strikt getrennt, sodass eine Sprachbeeinflussung bzw. Kultureinfluss des Germanischen auf das Romanische nicht stattfand. Mit dem Zusammenbruch des Römischen Reiches vollzog sich eine Einigung zwischen den Sueben und den Einwohnern im religiösen aber auch militärischen Bereich. Was die Personennamen betrifft, so benutzten die Germanen nur einen Namen zur Identifizierung, der sich aus zwei Komponenten zusammensetzte.[10]

Dennoch gab es hinsichtlich dieses Usus erste Auflösungserscheinungen im neunten Jahrhundert als man anfing, Zweitnamen zu verwenden.[11] Diese Entwicklung war der

---

[10] Aufgrund der Vielfalt und großen Kombinationsmöglichkeiten der germanischen Sprache gab es keine Probleme eine ausreichend hohe Zahl an Namen zu finden.
[11] Seminararbeitsblatt Teil II. Antroponímias.

Tatsache geschuldet, dass die Sueben immer weniger die eigene Sprache nutzten und keine frischen Personennamen zur Unterscheidung mehr hinzukamen.

Heutzutage ist es in Portugal üblich zwei Nachnamen zu geben und dabei jeweils den Hauptnamen der Mutter und den des Vaters. Allerdings unterscheidet sich hier die Praxis von der spanischen Variante, denn der Hauptname steht in Portugal an letzter Stelle.[12]

4. Untersuchung von Ortsnamen

Die Untersuchung von Ortsnamen allgemein in Portugal „ist im Bereich der Namenforschung vergleichsweise gut, allerdings keinesfalls ausreichend bekannt."[13]

So pragmatisch die Lage von Dieter Kremer hier benannt wird, muss daran erinnert werden, dass Ortsbezeichnungen in Portugal seit dem 13. Jahrhundert spätestens fester Bestandteil der „Gesellschaftsstruktur" und zusätzlich urkundlich nachweisbar sind. [14]

Die Untersuchung dient daher neben der Wortforschung auch der allgemeinen Sprach- und Kulturgesellschaftsforschung.[15] Hervorzuheben ist, wie schon im theoretischen Teil erkennbar, dass Portugal und seine Geschichte eng verbunden sind mit Galizien.

Im Anschluss erfolgt eine ausführliche geographische Darstellung des Distrikts in welcher auf die Besonderheiten des Distrikts eingegangen wird. Anhand dieser Erläuterung wird deutlich wieso bestimmte Ortsnamen hier auftauchen und wo sie ihren Ursprung haben könnten. Von daher habe ich eine präzise Beschreibung vorgenommen.

---

[12] Vgl. Dieter Kremer: S. 520, 1994.
[13] So Dieter Kremer: S. 534, 1994.
[14] Vgl. auch Amadeu Ferraz de Cavalho, S. 5, 1934.
[15] So Dieter Kremer: S. 534, 1994.

4.1. Geographisches Gebiet

Quelle: http://geo-geografias.blogspot.de/2009/06/novas-vilas.html

Der Distrito de Coimbra, einer von 22 portugiesischen Distrikten[16], welche auch Regierungsbezirke genannt werden, gehört zum größten Teil zur traditionellen Provinz Beira Litoral. 17 Concelhos bilden die nächst kleinere Administrationsebene nach der Distriktsebene und formen den Distrikt Coimbra. Jedoch gehören einige dieser Concelhos, von denen es in Portugal insgesamt 304 gibt und im deutschen am besten mit Landkreis übersetzt werden, zu anderen Provinzen, nämlich zu Beira Alta und Beira Baixa. Im Norden grenzt der Distrikt Coimbra an Aveiro und an Viseu und im Osten an Guarda und Castelo Branco. Südlich des Distrikts Coimbra befindet sich der Distrikt Leiria und im Westen trifft man auf den Atlantik. Mit einer Größe von in etwa 3947 km² ist er der zwölftgrößte Distrikt Portugals. Die absolute Einwohnerzahl lag 2006 bei 436056. Coimbra selbst ist die Distrikthauptstadt.

Klimatisch ist dieser Distrikt recht unterschiedlich. Im Westen haben wir mediterranes, warmes und trockenes Klima, während der Osten von Mittelgebirgsklima geprägt sein dürfte.

Zu den geografischen Charakteristika des Distrikts ist zu sagen, dass das Tal des Mondego Flusses das Hauptaugenmerk in der Landschaft des westlichen Teils des Distrikts ausmacht

---

[16] Zu der Anzahl der Distrikte gibt es sehr viele unterschiedliche Angaben. Im Anhang auf der Landkarte sind es 20 Distrikte.

und mit den zwei Tälern seiner Nebenflüsse, Alva und Ceira, die östliche Zone des Gebietes prägt.

Im Westen des Distrikts erstreckt sich eine Küstenebene, die im Süden durch den unteren Flusslauf des Mondego durchquert wird. Dieses Gebiet dehnt sich aus bis zur Küstenebene des Distrikts Aveiro und erreicht seine maximale Höhe von wenig mehr als 200 Metern am Kap Mondego in der Nähe von Figueira da Foz. Der Osten hingegen führt in das Gebirge. Im Nordosten erreicht es allerdings erst 549 m Höhe mit der Serra do Buçaco. Doch der Südosten ist geprägt durch das Gebirgssystem der Estrela, das bis auf 1418 m ansteigt und dort den höchsten Punkt des Distrikts erreicht. Dieser hört am östlichen Berghang der Serra da Estrela auf, von wo aus es keine 10 km mehr sind bis zum höchstgelegenen Punkt Kontinentalportugals.

Vom Nordosten in den Südwesten durchläuft der Oberlauf des Mondego den östlichen Teil des Distrikts, wohingegen er im Unterlauf von Osten nach Westen westlichen Teil durchfließt. Hier ist er umgeben von sumpfigem Gebiet. Der gesamte Distrikt gehört zu seinem hydrographischen Becken mit der Ausnahme des Küstengebietes im Norden und der Grenze im Südosten. Alle anderen Hauptflüsse sind seine Nebenflüsse. Der Fluss Zêzere dient als Grenze zum Distrikt Castelo Branco. Für uns wichtig zu merken ist die Tatsache, dass das Gebiet zahlreiche Flüsse beherbergt und eher feucht als trocken klimatisiert ist.

Am bzw. im Mondego gibt es zwei Staudämme. Eine große, der Barragem da Aguieira, die gleichzeitig die Grenze zum Distrikt Viseu bildet und eine kleinere, der Barragem da Raiva. Weitere Staudämme/Talsperren sind in der Alva, in der Ceira, in der Pampilhosa und im Stausee Aguieira der Staudamm Cabril.

Der Küstenabschnitt ist vorwiegend sandig und von geringer Höhe mit Ausnahme des Kap Mondego. Zum Norden hin erstrecken sich weite Dünen, die sich einige Kilometer weit ins Landesinnere ausdehnen, von kleinen Seen immer wieder unterbrochen. Der nördlichste Teil der Distriktküste, im Landkreis Mira gelegen, gehört bereits zum Wasserbecken der Mündung des Aveiro, dem Fluss Vouga.[17]

Zur Sozialstruktur dieses Distrikts ist zu sagen, dass er mit 52 % Frauenanteil und einer Bevölkerungsdichte von 110 Einwohnern pro km² keine Besonderheiten aufweist. Interessanter wird es, wenn man die Bevölkerungsdichte vergleicht. Denn diese nimmt in Richtung Gebirge immer weiter ab. So ist es auch nicht erstaunlich, dass im Bergland hauptsächlich Reis und Mais angebaut werden und die Produktivität hier nicht hoch ist. Ältere

---

[17] Vgl. www.distritodecoimbra.eu/home.php?op=2&cod_freguesia=14.

Leute bewohnen diese abgelegenen Gegenden, die bis heute von jungen Leuten, wie in den meisten Bergregionen Europas, verlassen werden. Auch das Land im Osten des Distrikts, vom Weinbau geprägt, verzeichnet, wenn überhaupt, niedriges Wachstum. Der Agrarsektor nimmt den größten Teil hier ein. Anders im Westen und Coimbra selbst, wo der sekundäre und natürlich tertiäre Sektor stärker sind. Nicht verwunderlich ist, dass die Stadt Coimbra den größten tertiären Sektor aufweist.

4.2. Warum gerade dieses Gebiet?

Einerseits habe ich großes Interesse an der Region rundum Coimbra, weil ich dort ab August sechs Monate ein Erasmussemester verbringen werde und von daher das Gebiet kennenlernen und historisch auch „erforschen" möchte.

Andererseits bietet sich das Gebiet aufgrund seiner geographisch sehr unterschiedlichen Teile besonders an. Die Zerklüftung durch die Flüsse und die Gebirgslandschaft geben viele Möglichkeiten der Ortsnamensgebung.

4.3. Durchführung

Zur Untersuchung habe ich die oben vorgestellten Kategorien verwendet. Erst werde ich die unterschiedlichen Ortsnamen sichten, um aus den verschiedenen Gebieten des Distrikts zu den einzelnen Kategorien Beispiele zu finden. Diese werden dann onomastisch untersucht. Optimal wäre es, wenn jeweils die Etymologie, die Bedeutung und die Verbreitung herauszufinden wäre.

4.3.1. nomes gerais

Gavião de Cima / Gavião de Baixo / Serra do Gavião

Zuerst werde ich die Herkunft des Ortsnamens Gavião klären. Die Orte befinden sich im Conselho Pampilhosa da Serra, welcher im Osten vom Distrikt Coimbra gelegen ist. Vornehmlich macht diesen Conselho Mittelgebirgslandschaft aus. Die Durchschnittshöhe beträgt ungefähr 800 m.

Gavião ist das portugiesische Wort für Sperber, dient allerdings auch in Verbindung mit Bindestrichwörtern der Beschreibung von einem Adler und einem Bussard.[18] Generell wird es zur Kennzeichnung von Raubvögeln benutzt.

Bei den nomes gerais, wie oben bereits erörtert, gibt es häufig Namen aus der Tierwelt. Der Sperber könnte hier in der Region ein gesteigertes Aufkommen vorweisen und von daher in

---

[18] Gavião-caboclo ist der Savannenbussard und gavião-preto ist der Schwarzweißhaubenadler.

Ortsnamen „verewigt" sein. Dies passt insoweit, als dass der Gavião in mediterranen Hartlaubwäldern heimisch ist.

Piel allerdings weist darauf hin[19], dass der Ortsname seinen Ursprung im Namen Gabilonem oder Gabilanem hat.

Zuletzt ist es möglich, dass die Bezeichnung gavião aus dem gotischen kommt, nämlich von dem Wort Gabilane.

Cerejeiras / Cerejeirinhas

Cerejeiras liegt in dem Conselho Goís. Dieser ist im südöstlichen Teil von dem Distrikt Coimbra gelegen. Die deutsche Übersetzung von Cerejeira ist Kirschbaum bzw. im Plural dann Kirschbäume. Die zweite Version, die im Distrikt von Coimbra zu finden ist, ist Cerejeirinhas. Dies ist die Diminutivform von Cerejeiras und würde im deutschen übersetzt mit Kirschbäumchen. Das Wort Kirsche bzw. Kirschbaum stammt von dem lateinischen Wort ceresiu-/cerasum ab. Möglicherweise hat sich an dieser Stelle eine Ansiedlung von mehreren Kirschbäumen befunden. Warum man allerdings die Diminutivform verwendet an einem anderen Ort – eventuell waren die Kirschbäume dort sehr kleine Kirschbäume oder aber es waren die Ableger/Nachkommen.

Nicht überzeugend klingt die Argumentation von Fernandez, der nicht einsieht, warum man einen Ort mit Kirsche bzw. auch nicht Kirschbaum bezeichnen sollte, wenn dort vielleicht eine größere Ansammlung mal gewesen ist oder noch heute solch befindet. Auch andere Gründe könnten hier von Bedeutung sein, die sich mir nicht erschließen. Eine andere Möglichkeit, die erwähnt werden sollte, ist die Überlegung von Fernandez, dass zumindest Cereja[20] von dem präromanischen Caer- abstammt. Caeresi ist ein altes gallisches Volk und Cerecis eine suebische Pfarrei (Gemeinde).

Figueira (da Foz)

Figueira ist das portugiesische Wort für Feigenbaum und Foz hat vielerlei Bedeutung. Anhand der geographischen Lage würde ich hier an eine solche Motivation denken. Flussmündung wäre hier somit die wohl am passendste Übersetzung, wo sich womöglich auch noch ein oder mehrere Feigenbäume befunden haben mögen. Daher würde ich auf einer Herleitung aus der Pflanzenwelt bestehen.

---

[19] Joseph Piel: S. 132, 1937.
[20] Bei den hier untersuchten Ortsnamen handelt es sich um andere Varianten des Wortes.

Souselas

Souselas ist ein Nebenfluss von der Sousa. Der Name ist hergeleitet von dem Wort sonosa oder auch sonora, was übersetzt klangvoll bedeutet. Die phonetische Entwicklung des Namens lässt sich recht einfach erklären. Der nasale „Vokal" –n-

Wird ersetzt durch die nur mündliche Diphthongisierung, sodass aus sonora > soosa > Sousa wird und den Hyat zerstört.[21] Eine Analogie soll von sonosello zu Souselo bzw. Sousela gezogen werden.

Ponte Velha

Ponte Velha heißt übersetzt alte Brücke und bezeichnet wohl eine Brücke, die vielleicht einen Nachfolger an derselben oder auch anderen Stelle erhalten hat. Sie ist durch Menschenhand erschaffen worden. Es ist auch möglich, dass sie alte Brücke getauft wurde, weil sie von dem Römern gebaut wurde und zur Zeit der Designação daher das Adjektiv alt als Zustandsbeschreibung erhielt.

4.3.2. nomes de possessor

Trouxemil

Ungefähr fünf Kilometer nördlicher Richtung von Coimbra befindet sich das Dorf Trouxemil direkt an der IP (Itinerários principais) 3 gelegen. Die Endung –mil könnte auf einen germanischen Ursprung, wie im theoretischen Teil dargestellt, hinweisen. Im Gotischen war diese Endung recht gebräuchlich und ist heute auch noch oft auf der iberischen Halbinsel zu finden. Ferraz de Cavalho hat herausgefunden, dass das Gebiet des Ortes identisch ist mit dem Vorkommen eines Volkes namens Creisemiri und der dazugehörigen Villa Crescemiri vom 9. bis zum 11. Jahrhundert.[22] Was Schwierigkeiten bereitet ist der Tausch von C zu T am Anfang des Ortsnamens. So vergleicht Ferraz diesen mit einer möglichen etymologischen Evolution von solch tiefgreifender Substanz.

Interessanterweise hat die Stadt Trouxemil die Erklärung von Ferraz und Piel übernommen, was auf eine Akzeptanz hinweist.[23] Fernandez Kritik, dass Ferraz die Auswechslung des C durch das T nicht erklären kann, ist berechtigt aber zu kurzsichtig, zumal er selbst keinen anderweitigen Vorschlag hat.

---

[21] Amadeu Ferraz de Carvalho: S. 556, 1934.
[22] Amadeu Ferraz de Carvalho: S. 54, 1934.
[23] http://www.regiaocentro.net/lugares/coimbra/freguesias/trouxemil.html Zugriff am 08.05.2008.

4.3.3. nomes de santos

São Sebastião

São Sebastião wird von der hispanischen Kirche am 19. Januar geehrt. In Portugal ist er ein beliebter Heiliger, obwohl keine Niederschriften über seine Existenz und seiner Verehrung aus dem Mittelalter entdeckt worden sind und er somit ein recht junger Heiliger ist.[24] Die Beweise für sein Martyrium liefern die Inschriften von Bornos und von Morera.

Die Stadt mit demselbigen Ortsnamen ist im Conselho Coimbra gelegen. Es befindet sich 15 km südlich von der Stadt Coimbra.

Quinta da Santa Maria

Die Mutter Gottes ist eine der ältesten Kulte der christlichen Welt. Die Jungfrau Maria wurde zunehmend als Schutzpatronin für Gemeinden ausgewählt als sich der Brauch verfestigte, Sanktuarien unter den Schutz eines Heiligen zu stellen. In Portugal gibt es viele kleine Anbetungsstätten, wo ihr gedacht wird.

4.3.4. nomes étnicos

Goes

Im südlichen Teil der Halbinsel gibt es ein gutes halbes Dutzend Ortsnamen, zusammengesetzt mit dem Wort Goes. Laut Piel hat der Ortsname eine gotische Komponente, nämlich das goi-, welches von dem gotischen Wort Gauja kommt. Dieses benennt eine Person, die in einem Gau wohnt.

Goes stammt von dem Genitiv von Goius ab – Goici, 1258 erstmals erwähnt, der latinisierten Form von Goia, deren Genitiv Goiaes ist (1220).

Fronhas

Der Ortsname hat zwei Herkunftsmöglichkeiten. Allerdings könnte der Ortsname auch von Fronila abgeleitet sein. Fron- ist abgeleitet von dem germanischen frono, was so viel bedeutet wie dem Herrn gehörig. Fraglich ist der Verbleib des intervokalischen –l-, welches hinter das intervokalische –n- zurücktritt. Das –n- dürfte eigentlich nur beibehalten werden, wenn es eine konsonantische Gruppe mit dem Semivokal –i- von Fronia bildet.

Allerdings ist es genauso möglich, dass Fronhas von dem lateinischen furnus abgeleitet ist und eine Stelle angibt, an der man das Feuerholz lagert. Hierfür würde sprechen, dass die Gegend um Coimbra weniger germanisiert war als der Norden der Iberischen Halbinsel.

---

[24] Vgl. Joseph Piel: S. 81, 1950.

Außerdem befinden sich im östlichen Teil des Distrikts ein großes Waldgebiet und ein Gebirge.[25]

Fagido

Der Namensteil Fag- ist hergeleitet aus dem gotischen und bedeutet glücklich.[26] Auch die Verben fulla-fahjan, welches befriedigen heißt, und faginôn, welches genießen heißt, deuten in dieselbe Richtung. Weitere Beispiele von mittelalterlichen Ortsnamen sind Fagilo, Fagudus und Fagulfiz. Sie untermauern die Annahme, dass die Ortsnamen von dem Stamm Fag- herzuleiten sind. Daher lehnt Piel die Überlegung von Grienberger ab, den Stamm Fa- zu verwenden, welcher gotisch fawa wenige heißt oder alemannisch fao- wenig.

Coimbra

Wie weithin bekannt, stammt der Ortsname Coimbras von dem luso-romanischen Conimbriga ab. Der heutige Standort von Coimbra ist allerdings nicht identisch mit dem Standort von Conimbriga wie sich auch noch heute auf Landkarten entdecken lässt. Aeminium hieß das heutige Coimbra früher und stand nur im Schatten des bekannteren Conimbriga. Letzteres gilt als kontraktierte Form von Coniumbriga. Dieses setzt sich zusammen aus den keltischen Wörtern Cun-, was Erhebung oder Höhe genauso wie erhöhte Begebenheit bedeuten kann, und -briga-. Der Wortteil briga ist häufig zu finden in lusitanischen Ortsnamen[27] und bedeutet soviel wie das lateinische Oppidum - Stadt. Die damalige Stadt/Bevölkerung Conimbriga(s) verschwand mit der Zeit der Reconquista um das Jahr 878.

Der Name Coimbra hat sich folgendermaßen aus Conimbriga entwickelt. Zuerst fiel das intervokalische –g- weg, so wie ego > eu oder vagativo > vádio, ohne Spuren zu hinterlassen.[28] Das –n- verwandelte sich in ein –l-, also zu Colimbria – jedoch ist zu betonen, dass beide Varianten nebeneinander benutzt wurden – auch zu beobachten bei astrolomia > astronomia.

Die letzte Entwicklung spiegelt sich in dem einfachen Wegfall des intervokalischen –l- wider: Coimbria und der Absorption des semivokalischen –i- durch den darauffolgenden Vokal –a. Auch dieses Phänomen kommt häufiger vor.[29] Das Ergebnis ist die heute bekannte Universitätsstadt Coimbra.

---

[25] Joseph Piel: S. 123, 1937.
[26] So Meyer-Lübke, S. 26, 1917.
[27] So z.B. Brigantium, Arabriga oder Talabriga.
[28] Vgl. Amadeu Ferraz de Carvalho: S. 12, 1934.
[29] Limia > Lima oder Sintria > Sintra.

5. Schluss

In der von mir ausgewählten Region, dem Distrikt Coimbra und seinen 22 Conselhos, sind sehr viele Heiligennamen vorzufinden. Außerdem gibt es zahlreiche ethnische Namen, welche ihren Ursprung in verschiedenen Volksgruppen haben. So existieren in der hier untersuchten Gegend germanische, arabische (maurische), romanische, lateinische aber auch griechische Ortsnamen. Die Ersteren sind in deutlicher Überhand und machen einen Gutteil der gesamten Ortsnamen aus. Eine nur geringe Ausprägung fanden die arabischen Einflüsse, was dadurch zu erklären ist, dass nach der Reconquista eine umfangreiche Verdrängung aller arabischen Einflüsse und besonders der Namen stattfand.[30] Die Letztgenannten machen zwar einen deutlich größeren Prozentsatz der Toponimias aus als die arabischen, aber der größte Teil der Ortsnamen hat einen germanischen Ursprung. Andere ethnische Einflüsse haben allerdings auch danach noch ihre Spuren hinterlassen und die Evolution der Ortsnamen (erheblich) beeinflusst.

Die Herkunft und die Bedeutung der verschiedenen Ortsnamen herauszufinden war in dieser Arbeit eine sehr interessante Aufgabe. Viele Angaben sind allerdings nur wage und drücken oft nur Vermutungen aus. Meistens gibt es so viele Ansichten wie Autoren, die zu diesem Namen geforscht haben. Die Verbreitung der Namen ist oft bekannt. Diese zu erfahren ist recht einfach und bedarf lediglich der Recherche in den im Literaturverzeichnis angegebenen Büchern. Deshalb habe ich mich mit der Verbreitung nicht weiter beschäftigt. Eine Überprüfung der Verbreitung mit Hilfe des Internets war nicht möglich und eine Feldforschung ebenso. Somit bin ich von meinem eingangs erwähnten Ziel auch die Verbreitung zu behandeln abgerückt. Aus dem eben genannten Gründen ist dies zu entschuldigen.

---

[30] Auch Eigennamen wurden hier häufig verändert.

6. Literaturverzeichnis

Anderson, John M.: The grammar of names, Oxford, Oxford University Press, 2007.

Castro, Ivo: Introdução à História do Português – Geografia da Língua. Português Antigo, Ediçoes Colibri, Lisboa, 2005.

Fernandes, A. Almeida de: Toponímia Portuguesa – Exame a um dicionário. Associação para a defesa da cultura arouquense, Arouca, 1999.

Ferraz de Carvalho, Amadeu: Toponímia de Coimbra e arredores, Imprensa da Universidade, Coimbra, 1934.

Kremer, Dieter: Galegisch: „Interne Sprachgeschichte III. Onomastik", in Lexikon der romanischen Linguistik Band VI.2, S. 34 – 46, Niemeyer Verlag, Tübingen, 1994.

Kremer, Dieter: Portugiesisch: „Anthroponomastik/Toponomastik", in Lexikon der romanischen Linguistik Band VI.2, S. 518 - 543, Niemeyer Verlag, Tübingen, 1994.

Kremer, Dieter (Hrsg.): Chronik - Namenetymologie und Namengeschichte - Forschungsprojekte, Band 1 Onomastik: Tübingen, Niemeyer Verlag, 2002.

Kremer, Dieter (Hrsg.): Personenamen und Ortsnamen, Band 4: Tübingen, Niemeyer Verlag, 1999.

Meyer-Lübke, Wilhelm: Romanische Namenstudien – Weitere Beiträge zur Kenntnis der altportugiesischen Namen, Wien, 1917.

Meyer-Lübke, Wilhelm: Romanische Namenstudien – Die altportugiesischen Personennamen germanischen Ursprungs, Wien, 1905.

Naidea, Nunes/Kremer, Dieter (Hrsg.): Antroponímia primitiva da Madeira e Repertório onomástico histórico da Madeira (séculos XV e XVI), Tübingen, Niemeyer, 1999.   P 4877 – 200

Piel, Joseph M.: Os nomes germanicos na toponímia portuguesa, Imprensa Nacional de Lisboa, Lisboa, 1937.

Piel, Joseph M.: Nomes de possessores latino-cristãos na toponímia asturo-galego-portuguesa, Biblos 23, Coimbra Ed., Coimbra, 1948.

Piel, Joseph M.: Os nomes dos santos tradicionais hispanicos na toponímia peninsular, Biblos 25, Coimbra Ed., Coimbra, 1950.

Vasconcellos, Leite J.: Opúsculos Volume III – Onomatologia, Imprensa da Universidade, Coimbra, 1931.

http://www.onomastik.com/ Zugriff am 23.04.2008.

http://www.fremdwort.de/suche.php Zugriff am 23.04.2008.

http://de.wikipedia.org/wiki/Onomastik Zugriff am 25.04.2008.

http://www.mapadeportugal.net/ Zugriff am 02.05.2008.

http://www.distritodecoimbra.eu/home.php?op=2&cod_freguesia=14 Zugriff am 04.05.2008.

http://www.gov-civil-coimbra.pt/ Zugriff am 04.05.2008.

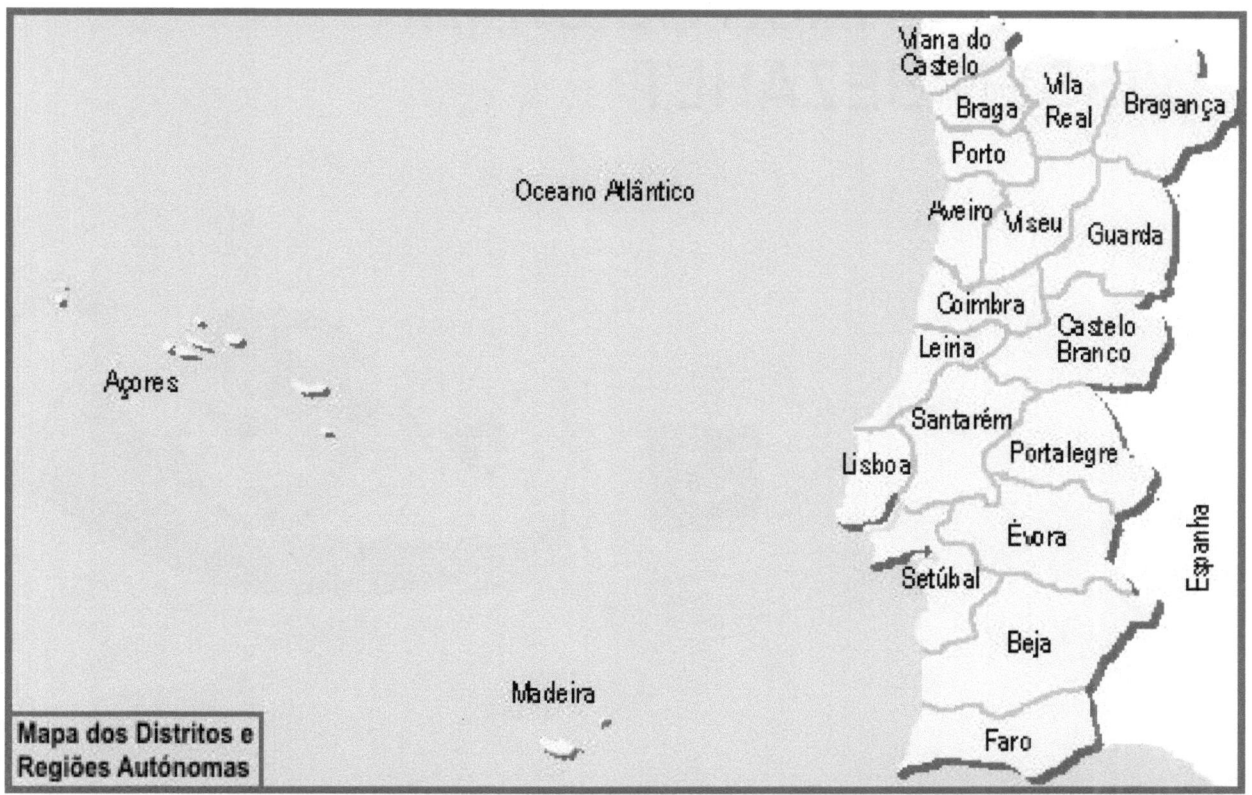

Quelle: http://www.visitarportugal.pt/distritos/d-coimbra

BEI GRIN MACHT SICH IHR WISSEN BEZAHLT

- Wir veröffentlichen Ihre Hausarbeit,
  Bachelor- und Masterarbeit

- Ihr eigenes eBook und Buch -
  weltweit in allen wichtigen Shops

- Verdienen Sie an jedem Verkauf

Jetzt bei www.GRIN.com hochladen und kostenlos publizieren